DEUX FEMMES

Claude BROUSSOULOUX

Editions ART ET COMEDIE
2, rue des Tanneries
75013 PARIS

pour Chantal et Véronique.

NOTE DE L'AUTEUR

Peut-on rire de tout ?

Certainement, mais cela dépend de la nature du rire que l'on cherche à provoquer et de la façon dont on s'y prend.

Dans cette comédie, j'ai voulu aborder la question de la solitude des femmes et la réponse machiste que lui apporte la plupart des hommes.

Obtiendrai-je pour autant le rire salutaire de la dénonciation souhaité ici ?

Rien n'est moins sûr ! En tout cas, je m'y serai essayé et seul le spectateur pourra le dire. Qui rira saura !

PERSONNAGES

FEMME 1, belle femme réservée, professeur.

FEMME 2, belle femme extravertie, journaliste.

LIEUX :

Salle de séjour de Femme 1.

Local de garde à vue d'un commissariat.

Terrasse de café.

Cimetière.

ACTE I
LA SOLITUDE

SCENE 1

La salle de séjour de Femme 1.
Femme 1 seule, assise sur le canapé, la tête entre les mains.
Un temps.
On frappe à la porte.
Femme 1 se lève à contrecœur pour aller ouvrir.
Femme 2 apparaît.

FEMME 1 - *(ton lugubre)* Ah, c'est toi !

FEMME 2 - Tu attendais quelqu'un d'autre ?

FEMME 1 - *(même ton)* Non. Malheureusement, je n'attendais personne.

FEMME 2 - Dis moi, ça n'a pas l'air d'aller ?

FEMME 1 - Exact. Ça ne va pas du tout.

FEMME 2 - Qu'est-ce qui t'arrive ?

FEMME 1 - Justement, rien.

FEMME 2 - Comment rien ?

FEMME 1 - *(agressive)* Tu ne comprends pas ? Rien de rien, pas un homme à l'horizon. La solitude complète.

FEMME 2 - Ça ne va pas durer.

FEMME 1 - *(toujours agressive)* Eh bien pourtant ça dure.

FEMME 2 - Incroyable ! Une belle fille comme toi ! D'habitude si pleine d'allant. Toujours prête à partir à l'aventure. Une battante comme l'on dit aujourd'hui.

FEMME 1 - *(découragée)* Ce n'est sans doute pas ce que les hommes cherchent. Ce qu'ils veulent, c'est des bobonnes bien tranquilles qui s'occupent de tout à la maison pendant qu'ils font carrière.

FEMME 2 - Allons, ils ne doivent pas être tous comme ça.

FEMME 1 - Si. Et ces bobonnes, quand elles ont mis le grappin sur l'un d'eux, elles ne le lâchent plus, c'est tout de suite la bague au doigt.

10

FEMME 2 - Tu exagères. Le nombre de mariages est en chute libre.

FEMME 1 - Était. Était en chute libre. Maintenant, la tendance s'est inversée, il faut lire les journaux. Pour une journaliste, tu la fiches mal !

FEMME 2 - Ne te désespère pas. Ton tour viendra. J'en suis certaine.

FEMME 1 - Décidément, tu ne comprends vraiment rien. Je ne veux pas être la boniche d'un homme, moi, je veux le grand amour.

FEMME 2 - On veut toutes ça.

FEMME 1 - J'en doute. Toi, par exemple, tu l'as trouvé le grand amour ?

FEMME 2 - Non.

FEMME 1 - Alors, tu as mis de l'eau dans ton vin ? Tu as accepté de jouer les boniches ?

FEMME 2 - Non.

FEMME 1 - L'homme avec qui tu vis, c'est quoi alors ?

FEMME 2 - Personne.

FEMME 1 - Comment personne ? Alors toi aussi tu es seule.

FEMME 2 - Complètement seule. On ne peut plus

seule !

FEMME 1 - Ça n'a pas l'air de te traumatiser plus que ça.

FEMME 2 - Détrompe-toi. Ça m'est insupportable.

FEMME 1 - Tu caches bien ton jeu.

FEMME 2 - *(irritée)* J'ai horreur de geindre.

FEMME 1 - *(vexée)* Tu dis ça pour moi ?

FEMME 2 - Je parle pour moi, c'est tout.

FEMME 1 - D'ailleurs, rassure toi, je ne vais pas geindre longtemps.

FEMME 2 - Tu vois bien que ton horizon n'est pas si bouché que ça.

FEMME 1 - Si, mais je vais le déboucher... radicalement.

FEMME 2 - Que veux-tu dire ?

FEMME 1 - Je vais te faire voir.

Elle se lève et se dirige vers une commode, ouvre un tiroir et en sort un petit revolver.

FEMME 2 - *(effrayée)* Tu veux tuer quelqu'un ?

FEMME 1 - Oui.

FEMME 2 - Mais qui mon Dieu ? Un homme qui t'as quittée ?

FEMME 1 - Non. Personne ne m'a quittée puisqu'il n'y avait personne.

FEMME 2 - Parle, à la fin. Tu me rends folle. Qui veux-tu éliminer ?

FEMME 1 - Moi.

FEMME 2 - Quoi : moi ?

FEMME 1 - Je vais me tirer une balle dans la tête.

FEMME 2 - *(se précipitant sur elle)* Arrête. Je t'en prie.

FEMME 1 - *(l'évitant)* Rassure-toi, je ne vais pas faire ça devant toi.

FEMME 2 - Devant moi ou pas, je t'interdis de le faire. Donne-moi cette arme.

FEMME 1 - Il n'en est pas question. Ça pourrait te donner des idées. Après tout, toi aussi tu dois souffrir de ta solitude.

FEMME 2 - Pas au point de vouloir me supprimer.

FEMME 1 - On ne sait jamais. Les suicides, quelle qu'en soit la cause, sont beaucoup plus fréquents chez les individus possédant une arme. L'occasion faisait le larron ?

13

FEMME 2 - C'est ton cas.

FEMME 1 - Peut-être, mais ça ne regarde que moi.

FEMME 2 - Ça me regarde aussi, tu oublies que je suis ta meilleure amie.

FEMME 1 - Dans une situation comme la mienne, meilleure amie ne veut plus dire grand chose. Quand on a pris une telle décision, on est déjà sur une autre planète, de l'autre côté du miroir.

FEMME 2 - *(changeant d'attitude)* Très bien. Reste donc sur ta planète. C'est pour quand ce passage à l'acte ?

FEMME 1 - Dans huit jours.

FEMME 2 - *(étonnée)* La raison de ce sursis ?

FEMME 1 - Une dernière chance.

FEMME 2 - *(soulagée)* Tout n'est donc pas perdu. Tu m'as fait peur.

FEMME 1 - Ne te réjouis pas trop vite. Une chance minime. Presque inexistante. La recherche d'un dernier échec pour me prouver qu'il n'y a vraiment plus rien à espérer.

FEMME 2 - "Tant qu'il y a de la vie, il y a de l'espoir".

FEMME 1 - Une formule idiote. Dans mon cas, tant qu'il y a de la vie, c'est du désespoir qu'il y a.

FEMME 2 - Et pendant ces huit jours, qu'est-ce que je vais faire, moi ? Te téléphoner toutes les cinq minutes pour savoir où tu en es ? Accourir si tu ne réponds pas ? Faire enfoncer la porte, terrorisée à l'idée de trouver ton cadavre allongé sur la moquette ? Tu veux que je vive une pareille angoisse pendant toute une semaine?

FEMME 1 - Non. Je te téléphonerai tous les soirs à dix neuf heures précises. Le soir où il n'y a pas d'appel, préviens la police.

FEMME 2 - Tu découpes l'angoisse en tranches, une par jour. C'est tout aussi monstrueux. J'ai peur de ne pas pouvoir le supporter.

FEMME 1 - Tu m'embêtes à la fin. Après tout c'est de ma mort dont il s'agit, pas de la tienne. J'aurais dû ne rien te dire.

FEMME 2 - Tu aurais surtout mieux fait de ne pas te résoudre à une chose aussi terrible.

FEMME 1 - Ne revenons pas là-dessus.

FEMME 2 - *(soudain excitée)* Et si je te trouvais quelqu'un ?

FEMME 1 - Quelqu'un ?

FEMME 2 - Oui, l'homme de ta vie.

FEMME 1 - Que tu m'amènes l'homme de ma vie ?

FEMME 2 - Oui. L'homme dont tu rêves et que ça colle entre vous.

FEMME 1 - Ce serait un miracle.

FEMME 2 - Je connais beaucoup de monde dans mon boulot de journaliste. Je suis prête à y dénicher la perle rare. À y mettre toute mon énergie.

FEMME 1 - L'énergie du désespoir ?

FEMME 2 - Non, de l'espoir. Tu veux bien ?

FEMME 1 - *(désabusée)* Si ça t'amuse !

Femme 2 saute au cou de Femme 1 et l'embrasse.

FEMME 2 - Oh, merci ! Merci !

FEMME 1 - *(l'écartant)* Mais dis-moi, toi aussi tu es seule et tu en souffres, si tu découvres un pareil trésor, tu vas être tentée de le garder pour toi.

FEMME 2 - Non. Parce que moi, je ne suis pas en danger de mort. *(Elle l'embrasse une dernière fois.)* Allez, je me sauve. J'ai hâte de me mettre en chasse de l'oiseau rare.

Femme 2 sort. Femme 1 hausse les épaules et va ranger le revolver dans le tiroir de la commode.

NOIR

SCENE 2

La salle de séjour de Femme 1.
Quelques jours plus tard.

FEMME 1 - *(marchant de long en large, impatiente)* Que fait-elle ? Déjà plus d'une demi-heure de retard. Je lui avais pourtant dit de se dépêcher. J'aurais dû lui parler d'une urgence. Avec son côté bon saint-bernard, elle aurait accouru, avec son petit tonneau de rhum autour du cou. Tiens, d'ailleurs, cette histoire me donne soif. Je vais me servir un petit verre en l'attendant.

Elle se sert à boire.

FEMME 1 - À ma santé ! *(Elle boit une gorgée.)* Ça fait du bien. Après toutes ces émotions, ce n'est pas du luxe. *(Elle s'assied.)* Je ne sais par quel bout je vais commencer à lui raconter mon histoire. Ça va lui faire un choc ! Elle ne va pas en revenir. Moi-même, j'ai du mal à y croire. Faut que je me pince pour voir si je ne rêve pas. *(Elle se pince.)* Aïe !

On sonne à la porte.

FEMME 1 - *(bondissant)* Enfin ! Ce n'est pas trop tôt !

Femme 1 ouvre la porte, faisant entrer Femme 2.

FEMME 1 - Tu en as mis du temps à venir.

FEMME 2 - Il n'y avait pas d'urgence.

FEMME 1 - Je t'avais pourtant dit de venir vite.

FEMME 2 - Au son de ta voix, j'ai compris qu'il n'y avait pas péril en la demeure. Tu étais certes impatiente, mais comme une enfant gâtée qui avait hâte de me montrer son dernier jouet.

FEMME 1 - *(stupéfaite)* Tu as imaginé cela ?

FEMME 2 - Je me trompe ?

FEMME 1 - Non. Mais c'est incroyable.

FEMME 2 - Tu n'as jamais su cacher tes sentiments. On lit en toi comme dans un livre ouvert. Ta détresse comme ton bonheur. Alors il est où ce beau jouet ?

FEMME 1 - Viens t'asseoir. Je vais te raconter. Tu veux boire quelque chose ?

FEMME 2 - Non. À mon tour de manifester une certaine impatience. J'ai hâte de savoir de quoi il retourne.

Elles s'installent sur le canapé.

FEMME 1 - Eh bien ça y est.

FEMME 2 - Ça y est quoi ?

FEMME 1 - L'homme de ma vie. J'ai trouvé l'homme de ma vie.

FEMME 2 - Toute seule, comme une grande ?

FEMME 1 - Parfaitement.

FEMME 2 - Et il est là ? Dans ta chambre, peut-être même déjà au lit ?

FEMME 1 - Jamais dans la journée.

FEMME 2 - *(ne comprenant pas)* À cause de son travail ?

FEMME 1 - À cause de sa femme.

FEMME 2 - *(ton de reproche)* Un homme marié ?

FEMME 1 - Oui, avec le genre de bobonne que nous évoquions l'autre fois. Dans la journée, elle le tient en laisse. Ils travaillent dans le même bureau. Une sorte de ministère de la culture où il n'y a pas grand chose à faire sauf à classer quelques malheureux dossiers. Morne plaine. Un boulot qui convient parfaitement à sa femme mais qui, lui, l'ennuie profondément. Alors il se rattrape la nuit.

FEMME 2 - Et sa femme lui retire son collier le soir sans rien dire.

FEMME 1 - Pour elle, il n'y a que son petit intérieur qui compte. Le tenir bien propre et se mettre au lit de bonne heure. Pour être d'attaque le lendemain. À l'assaut des dossiers inutiles.

FEMME 2 - Et lui, comment fait-il pour se libérer ?

FEMME 1 - Il a inventé une histoire d'association humanitaire qui s'occupe des gens en perdition la nuit. *(Avec humour.)* D'ailleurs, d'une certaine façon, souviens-toi, j'entrais dans cette catégorie la dernière fois où l'on s'est vues.

FEMME 2 - Elle a gobé cette histoire ?

FEMME 1 - Sans problème. Elle a son petit mari la journée et elle peut dormir tranquillement la nuit.

FEMME 2 - Et la nuit, il est pour toi ?

FEMME 1 - Oui, une grande partie de la nuit.

FEMME 2 - À ce rythme-là, il ne doit pas être vaillant au lit.

FEMME 1 - Détrompe-toi. Il récupère dans son ministère. Ils sont quatre, dont trois femmes, pour faire le travail d'une personne, alors il les laisse faire. Elles sont trop contentes de se croire utiles. Pendant ce temps, il reprend des forces pour nos folles nuits.

FEMME 2 - Vos folles nuits ?

FEMME 1 - Il commence par me faire l'amour… *(extase)* et puis, l'amour… l'amour… *(Reprenant un ton normal.)* Ensuite, il m'emmène dans des endroits incroyables. On boit, on danse, on fait des rencontres insensées. Tu sais, il y a vraiment une vie après le jour. Une vie nocturne que la plupart des gens ignorent. Un autre monde. Un monde de mystères et de plaisirs !

FEMME 2 - Un monde que lui connaissait ?

FEMME 1 - Bien sûr, et que sa femme refuse de connaître. Mais lui et moi on a le même tempérament. Une pêche d'enfer. Il me l'a tout de suite dit. Nous appartenons à la même race. La race des noctambules. Celle des oiseaux de nuit !

FEMME 2 - Tu l'as rencontré comment ? À la sortie de ton cours ? Le père d'un de tes élèves ?

FEMME 1 - Par hasard. Dans un bureau de tabac, en allant acheter des cigarettes. C'est lui qui m'a abordée. Je ne sais même plus sous quel prétexte. Mais on a tout de suite compris qu'on était fait l'un pour l'autre. Il m'a donné rendez-vous pour le soir-même.

FEMME 2 - Depuis combien de jours dure cette idylle ?

FEMME 1 - Trois jours. Ou plus exactement trois nuits.

FEMME 2 - Quand je t'appelais, tous les soirs, tu ne me disais rien. *(Ton de colère.)* Et moi, je m'inquiétais, je me faisais un sang d'encre. Toi, tu t'en fichais !

FEMME 1 - *(ton d'excuse)* Je voulais être sûre que ce soit du solide. Pas l'aventure d'une nuit. Et puis je souhaitais te raconter ça de vive voix, pas au téléphone.

FEMME 2 - Et à quoi ressemble cette huitième merveille du monde ?

FEMME 1 - Je préfère te le faire rencontrer un soir.

FEMME 2 - Tu m'as mis l'eau à la bouche. Décris-le moi quand même un peu. Grand, petit, brun, blond ?

FEMME 1 - Tout en nuances. Plutôt châtain foncé. Ni grand, ni petit, bien proportionné.

FEMME 2 - Pas très précis, ton portrait-robot.

FEMME 1 - J'essaie d'être objective. C'est difficile quand on est amoureuse comme je le suis. *(Enthousiaste.)* Je le trouve tellement magnifique !

FEMME 2 - *(ironique)* Les yeux de l'amour ?

FEMME 1 - Tu jugeras par toi-même. Dès que ce sera possible, tu viendras un soir à la maison et je te montrerai l'oiseau rare. *(Changeant soudain de ton.)* Et toi, ma pauvre, tu en es où question mec ?

FEMME 2 - Nulle part. Calme plat. Rien à l'horizon.

FEMME 1 - Ne te décourage pas. Tu vois que ça finit par arriver. Et puis, maintenant, tu peux chasser pour ton propre compte.

FEMME 2 - Oui, si on veut.

FEMME 1 - Je ne te mets pas à la porte, mais il va bientôt arriver. Il faut que je me prépare, que je me fasse toute belle.

FEMME 2 - *(ton amer)* Tu l'es déjà.

FEMME 1 - *(joyeuse)* Encore plus !

FEMME 2 - *(même ton)* Pour ton chevalier servant.

FEMME 1 - Ne sois pas triste. Ton tour viendra. J'en suis persuadée. Crois en ma toute nouvelle expérience. Allez file, ma chérie !

Elles s'embrassent, Femme 1 avec fougue, Femme 2 sans chaleur.

NOIR

SCENE 3

La salle de séjour de Femme 1, quelques jours plus tard.
Femme 1 est en train de se maquiller devant une glace.
On sonne à la porte.

FEMME 1 - Zut ! Je ne suis pas prête.

> *Femme 1 se donne un dernier coup de peigne et va regarder au travers du judas de la porte.*
> *Après avoir observé, elle ouvre la porte livrant passage à Femme 2.*

FEMME 1 - Ah, c'est toi. Je t'avais dit de ne pas venir avant 22 heures. Il n'est pas encore arrivé.

FEMME 2 - *(toute excitée)* Je voulais te voir avant. J'ai une grande nouvelle à t'annoncer. Ça y est !

FEMME 1 - Ca y est, quoi ?

FEMME 2 - Moi aussi.

FEMME 1 - Quoi, toi aussi ?

FEMME 2 - Comme toi, il y a un homme dans ma vie.

FEMME 1 - Depuis quand ?

FEMME 2 - Deux jours. Deux jours de bonheur.

FEMME 1 - *(étonnée)* Tu peux le voir dans la journée ?

FEMME 2 - Oui. Toute la journée.

FEMME 1 - Il n'est pas marié ?

FEMME 2 - Si.

FEMME 1 - Il travaille avec toi ?

FEMME 2 - Il ne travaille pas. Il vit de ses rentes. Ou plutôt, de celles de sa femme.

FEMME 1 - Un gigolo, en somme.

FEMME 2 - Appelle ça comme tu veux, je l'aime comme il est.

FEMME 1 - Et sa femme, elle lui laisse ses journées libres ?

FEMME 2 - Oui. La journée, elle se repose, mais toutes les nuits, ils les passent ensemble.

FEMME 1 - Ah, je comprends ! Elle l'a pour elle la nuit et toi tout le jour.

FEMME 2 - Un peu comme toi, mais en sens inverse.

FEMME 1 - Comment fais-tu pour te rendre libre le jour avec ton boulot ?

FEMME 2 - Tu sais bien que je rédige mes articles chez moi. Eh bien, maintenant, je travaille la nuit. Et crois-moi, après les journées que je passe je suis plutôt stimulée.

FEMME 1 - Ça se voit que tu es en pleine forme.

FEMME 2 - Comme toi, mon chou. L'amour, toujours l'amour !

FEMME 1 - Tu me la présenteras aussi, ta huitième merveille à toi.

FEMME 2 - Oui, mais en plein jour. Pas à la nuit tombée comme pour le tien.

FEMME 1 - Le seul problème, c'est que nous ne pourrons jamais sortir tous les quatre ensemble.

FEMME 2 - Ça ne fait rien. Il nous restera le crépuscule pour nous raconter nos histoires d'amour. Autrement dit, entre chien et loup, lorsque j'aurais quitté mon amant et avant que tu ne retrouves le tien !

On sonne à la porte.
Femme 1 se précipite pour regarder au travers du judas.

FEMME 1 - *(revenant un peu affolée vers Femme 2)* Mon Dieu, c'est lui. Je n'ai pas fini de me maquiller. Va lui ouvrir et fais-le patienter. Il ne sera pas étonné de te voir. Il sait que je voulais lui présenter ma meilleure amie.

Femme 1 disparaît dans la salle de bains.
Femme 2 va vers la porte et regarde à son tour à travers

le judas.

FEMME 2 - *(stupéfaite)* Comment, lui ?

Femme 2 reste pétrifiée sur place.
On sonne à nouveau.
Femme 2 sursaute et se précipite vers la commode, d'un tiroir de laquelle elle sort le petit revolver, puis devant un nouveau coup de sonnette, ouvre la porte et tire en direction du palier.
On entend un cri et la chute d'un corps.

FEMME 1 - *(sortant affolée de la salle de bain)* Qu'est-ce qui se passe ? *(Puis, apercevant le revolver à la main de Femme 2, elle se précipite vers la porte ouverte.)* Mon Dieu, tu as tué l'amour de ma vie.

FEMME 2 - Et le mien en même temps.

FEMME 1 - *(ton du désespoir)* Mais tu l'as tué ! Tu l'as tué ! Tu m'entends, dis ?

FEMME 2 - Ton homme de la nuit, c'était mon homme du jour. Le salaud, il s'est bien moqué de nous !

FEMME 1 - Tu es folle. Qu'est-ce que tu racontes ?

FEMME 2 - Calme-toi ! Après tout, il n'a eu que ce qu'il méritait !

FEMME 1 - Pas de mourir, tout de même !

FEMME 2 - *(exaltée)* Trahir un grand amour, c'est impardonnable, c'est pire que le plus odieux des crimes.

Un crime contre l'humanité tout entière !

FEMME 1 - Tu exagères ! *(Après un temps de réflexion.)* Et puis, il y avait peut-être une autre solution que celle de le tuer.

FEMME 2 - Et laquelle s'il te plaît ? Il fallait l'émasculer, le torturer, chacune à tour de rôle, faire de lui un infirme à vie ? Tu voulais quelque chose de cet ordre ?

FEMME 1 - Non, simplement se le partager. Comme nous l'avons fait sans le savoir jusqu'à maintenant. La nuit pour moi, le jour pour toi. Au fond, ça ne se passait pas si mal que cela !

FEMME 2 - Partager un homme, ça jamais !

FEMME 1 - Avec moi.

FEMME 2 - Même avec toi.

NOIR

ACTE II

LA GARDE A VUE

SCENE 1

L'intérieur d'une cellule d'un commissariat.
Femme 1 et Femme 2 y sont enfermées.

FEMME 1 - Bravo ! Tu as réussi ton coup. Nous sommes dans de beaux draps maintenant. En garde à vue, avec un crime sur les bras ! Tout ça pour une stupide histoire de jalousie !

FEMME 2 - Je te répète que ce salaud méritait la mort. Il nous a trompées toutes les deux de façon ignoble. Un vrai pervers. Toutes les nuits avec toi, et toutes ses journées avec moi.

FEMME 1 - Quoi qu'il en soit, je ne veux pas aller en prison pour une connerie que tu as faite.

FEMME 2 - Je l'ai faite aussi pour toi.

FEMME 1 - Comment ça, pour moi ? Je ne t'avais rien demandé. D'ailleurs, je te l'ai déjà dit que ça ne m'aurait peut-être pas dérangée de le partager avec toi.

FEMME 2 - On prétend ça au début... mais au bout d'un moment ce serait devenu invivable. Pour toi aussi. C'est même probablement toi qui aurais fini par le descendre.

FEMME 1 - Et s'il nous avait aimées réellement toutes les deux ? Tu y as pensé à ça ?

FEMME 2 - Tu rigoles ? Le véritable grand amour c'est quelque chose d'unique, ça ne se démultiplie pas !

FEMME 1 - *(butée)* De toute façon, je te répète que je ne veux pas finir mes jours en prison pour un crime que je n'ai pas commis. Dénonce-toi!

FEMME 2 - Ce serait idiot, les flics n'ont ni preuve, ni témoin.

FEMME 1 - N'empêche que nous nous retrouvons toutes les deux ici. Ce n'est tout de même pas par hasard !

FEMME 2 - Pour un simple témoignage. Tu étais la seule habitante de l'immeuble, au moment du drame, à cause des vacances.

FEMME 1 - Pourquoi as-tu été convoquée, toi aussi ?

FEMME 2 - Tout bêtement, parce que tu avais noté

notre rendez-vous sur ton calepin.

FEMME 1 - *(inquiète)* Ils ont peut-être déjà mis la main sur l'arme du crime.

FEMME 2 - *(amusée)* Faudrait que la police ait eu le temps de faire sonder tous les égouts de la ville.

FEMME 1 - Tout de même, le cadavre, lui, ils l'ont bien trouvé dans l'immeuble.

FEMME 2 - Oui, mais pas sur ton palier. Souviens-toi, nous l'avons transporté dans le hall où tout le monde pouvait venir régler son compte à n'importe qui. Ouvert à tout vent, comme un moulin. Ni gardienne, ni digicode. Tu vois qu'ils n'ont aucune carte valable dans leur jeu. Ils bluffent. Ce n'est pas le moment de craquer.

FEMME 1 - Je ne suis pas sûre d'y arriver. S'ils se montrent trop menaçants, je sais que je lâcherais le morceau.

FEMME 2 - Je t'aiderai à tenir. C'est aussi dans mon intérêt, et crois-moi, je vais nous sortir de là. Ma haine pour ce type a décuplé mes forces. M'avoir fait passer si près du grand amour et m'avoir roulée dans la farine de cette façon me rend capable de soulever des montagnes. Alors, tu comprends que ce ne sont pas quelques flics bornés qui vont m'effrayer.

FEMME 1 - Ils ne sont peut-être pas tous bornés.

FEMME 2 - Si. Par définition. Pour avoir fait un tel choix de carrière, il faut l'être. Tu nous vois, toi ou moi,

31

en flic ?

FEMME 1 - Non. Mais il en faut bien.

FEMME 2 - Dis-toi qu'en ce moment, dans notre histoire, il ne faudrait pas qu'il y en ait. Et je vais faire en sorte qu'il n'y en ait pas.

FEMME 1 - *(effrayée)* Tu veux encore éliminer quelqu'un ?

FEMME 2 - *(ton badin)* Oui, d'une certaine façon.

FEMME 1 - Tu vas recommencer ? Tu m'effrayes.

FEMME 2 - Il n'y a vraiment pas de quoi ! *(Avec humour.)* D'ailleurs, tu sais bien que j'ai jeté ton revolver dans les égouts.

FEMME 1 - Comment vas-tu faire alors ?

FEMME 2 - Réfléchis ! Qu'y a t-il sous l'uniforme d'un flic ?

FEMME 1 - *(ne comprenant pas)* Sous l'uniforme ? *(Après un moment de réflexion.)* Un homme.

FEMME 2 - Exact ! L'habit fait le moine. Plus d'habit, plus de moine. Donc, si plus d'uniforme, plus de flic!

FEMME 1 - Je ne vois pas comment tu vas réussir un tel tour de passe-passe.

FEMME 2 - Ne te fais pas de souci, j'ai ma petite idée.

FEMME 1 - Maintenant, je me méfie de tes idées, petites ou grandes. J'ai vu où cela nous a menées.

FEMME 2 - Celle-là, ne sera pas sanglante. Au contraire.

FEMME 1 - Espérons-le.

FEMME 2 - Aie confiance.

FEMME 1 - Je n'ai pas le choix.

FEMME 2 - En effet, et c'est tant mieux !

Un bruit de clé dans la serrure se fait entendre et la porte s'ouvre.

VOIX OFF - *(venant de l'extérieur)* Madame F2, venez avec moi, tout de suite.

FEMME 2 - *(faisant le V de la victoire en direction de F1)* C'est parti !

Femme 1 reste immobile et songeuse.

NOIR

SCENE 2

L'intérieur de la même cellule où se trouve Femme 1 seule.
De nouveau un bruit de clé dans la serrure et l'ouverture
de la porte livrant passage à Femme 2.
La porte se ferme derrière elle.

FEMME 1 - *(anxieuse)* Alors ?

FEMME 2 - *(triomphante)* Ça y est! C'est fait !

FEMME 1 - *(sceptique et inquiète)* Qu'est ce qui est fait ?

FEMME 2 - La découverte de l'homme sous l'uniforme. La mise à nu du flic.

FEMME 1 - Explique-toi ! Mise à nu au figuré ?

FEMME 2 - Non. Le flic à poil.

FEMME 1 - *(intriguée et curieuse)* Raconte.

FEMME 2 - *(venant s'asseoir à côté de Femme 1)* Un flic, la quarantaine, avec qui je me suis retrouvée seule dans un bureau. Il était troublé, tu aurais vu ça ! Il osait à peine me regarder, mais quand il levait les yeux dans ma direction, même une none aurait compris ce qu'il voulait. Très vite, il s'est mis à transpirer. Il n'arrêtait pas de s'éponger le front. Alors j'ai eu pitié de lui. Je lui ai dis qu'il pouvait tomber la veste. Son regard s'est fait encore plus explicite. Il s'est empressé de s'exécuter. Il s'est retrouvé en bras de chemise et embarrassé d'exhiber son revolver dans son holster. Il s'en est débarrassé immédiatement et l'a fourré dans un tiroir. Moi, de mon côté, tu penses bien que je ne suis pas restée inactive, j'ai abandonné mon gilet et ouvert un peu mon corsage. Je crois qu'il a eu du mal à ne pas me sauter dessus. Tu m'as toujours dit que j'avais une belle poitrine, que même tu en étais un peu jalouse, alors crois-moi, je m'en suis servie. *(Elle bombe le torse.)* Très vite ses questions n'avaient plus beaucoup de sens. Alors je me suis levée pour faire mine de venir les lire sur son ordinateur. Je me suis penchée sur lui, collée contre lui, sa nuque entre mes deux seins. Il n'a pas résisté ! Il s'est levé et m'a serrée contre lui avec une force incroyable. Il me faisait mal, mais il a pris mes petits cris de douleurs pour des râles de plaisir. Alors j'ai commencé à lui déboutonner sa chemise pendant qu'il s'acharnait sur mon corsage.

FEMME 1 - Et si quelqu'un était venu ?

FEMME 2 - Avant d'enlever son pantalon, il est allé fermer la porte à clé. Pendant ce temps-là j'ai fini de me déshabiller pour ne pas qu'il déchire mes vêtements. J'ai juste gardé ma culotte. Ça l'a rendu encore plus fou. Elle ne lui a d'ailleurs pas résisté longtemps. Si tu avais vu comme il… J'avais presque peur *(Avec humour.)* Mais j'étais en service commandé, en bon petit soldat, je ne pouvais pas fuir devant l'ennemi. Il m'a basculée sur la table. Son ordinateur portable s'est retrouvé par terre mais il ne s'en est même aperçu. *(Elle se tait soudain.)*

FEMME 1 - *(impatiente)* Et alors ?

FEMME 2 - *(ton grandiloquent)* Alors, j'ai subi les derniers outrages !

FEMME 1 - *(même ton)* Tombée au champ d'honneur !

FEMME 2 - Il y a peut-être des morts plus glorieuses mais sans doute beaucoup moins agréables.

FEMME 1 - C'était du dévouement ou du plaisir ?

FEMME 2 - Les deux mon général ! J'ai joint l'utile à l'agréable.

FEMME 1 - *(soudain sérieuse)* Et le résultat de tes galipettes ?

FEMME 2 - Nous sommes blanches comme neige. Après cette petite séance, il m'a fait promettre qu'il y en aurait d'autres. Je me suis montrée convaincante et il m'a cru. Mais je lui ai dit que je préférais que ça se passe dorénavant chez moi. Il a répondu qu'il n'y avait pas de problème, qu'après la rédaction de son rapport je serai libre. Heureusement, son ordinateur marchait encore.

FEMME 1 - *(inquiète)* Tu seras libre, mais moi qu'est-ce que je deviens dans cette histoire?

FEMME 2 - Toi aussi.

FEMME 1 - Tu as réussi à le convaincre pour moi aussi ?

FEMME 2 - Sans difficulté.

FEMME 1 - Que lui as-tu raconté ?

FEMME 2 - Que tu étais comme moi.

FEMME 1 - *(ne comprenant pas)* Comme toi ?

FEMME 2 - Prête à subir ses derniers outrages.

FEMME 1 - *(horrifiée)* Quoi ? Que j'aille me faire sauter dans son bureau ?

FEMME 2 - Pas du tout. Je lui ai dit que si, toi aussi, tu étais libérée, on ferait ça tous les trois chez moi.

FEMME 1 - Jamais de la vie !

FEMME 2 - Je lui ai avoué qu'on avait déjà partagé le même homme.

FEMME 1 - C'est faux.

FEMME 2 - Si, il y a peu de temps, mais sans le savoir… Tu étais même prête à l'accepter.

FEMME 1 - Ça n'avait rien à voir.

FEMME 2 - *(conciliante)* Je sais. Rassure-toi, il n'y aura jamais de partie de jambes en l'air à la maison. Je le ferai venir, il se montrera entreprenant, nous résisterons, j'évoquerai ce qu'il m'a fait subir au commissariat, etc., et j'enregistrerai tout sur un petit magnétophone caché. Après quoi, je le menacerai de raconter tout ça dans un journal people pour lequel je travaille quelques fois. Crois-moi, ça le fera tenir tranquille.

FEMME 1 - C'est risqué !

FEMME 2 - Dans mon métier, j'ai fait pire, j'ai piégé de plus gros poissons que ce petit flic de rien du tout.

FEMME 1 - Tu es sûre qu'il va nous faire sortir de là ?

FEMME 2 - Certaine. Il avait encore faim, ce monstre. Il a dit que celui qui allait t'interroger était un de ses copains et qu'il lui demanderait de rédiger un rapport allant dans le même sens que le sien. La conclusion s'imposera d'elle-même.

À ce moment, comme à la fin de la première scène, bruit de clé dans la serrure et ouverture de la porte.

VOIX OFF - Madame F1 suivez-moi s'il vous plaît.

FEMME 1 - *(affolée)* Que me veulent-ils ?

FEMME 2 - *(à voix basse)* Rassure-toi, pas la même chose que moi. Tout est bien verrouillé de ce côté. Raconte simplement la version que nous avons mise au point. C'est celle-là qui figure sur le rapport de mon flic.

VOIX OFF - Allons, dépêchez-vous.

Femme 1 se lève et sort, malgré tout pas très rassurée.

NOIR

SCENE 3

L'intérieur de la même cellule où se trouve Femme 2 seule.
Bruit de clé, ouverture de la porte, entrée de Femme 1.
La porte se referme derrière elle.

FEMME 2 - *(impatiente)* Alors, comment cela s'est-il passé ?

FEMME 1 - *(rayonnante)* Merveilleusement.

FEMME 2 - Tu t'es faite sautée, toi aussi ?

FEMME 1 - Pas du tout. Au contraire.

FEMME 2 - C'est quoi le contraire ?

FEMME 1 - Le sentiment.

FEMME 2 - L'un n'empêche pas l'autre.

FEMME 1 - Quelques fois, si.

FEMME 2 - *(ironique)* Je serai curieuse de savoir à quoi ça ressemble des sentiments avec un flic.

FEMME 1 - Pas avec un flic.

FEMME 2 - Pas avec un flic ? Il n'y a que ça ici !

FEMME 1 - Oui, mais sous l'uniforme, il y a l'homme. C'est toi qui l'as dit.

FEMME 2 - *(amusée et incrédule)* Quoi ? Tu l'as foutu à poil toi aussi ?

FEMME 1 - Oui, mais d'une autre façon.

FEMME 2 - Il n'y pas trente-six façons de déshabiller quelqu'un.

FEMME 1 - Pour toi peut-être, mais pour moi, il y en une autre. Toi c'est au dessous de la ceinture que tu agis, et moi c'est au dessus, au niveau du cœur.

FEMME 2 - *(ahurie)* Tu plaisantes. Une histoire de cœur avec un policier, c'est impossible, c'est franchement ridicule !

FEMME 1 - C'est pourtant ce qui m'est arrivé. Je suis amoureuse.

FEMME 2 - Eh bien, tu n'as pas perdu de temps. À peine une heure d'interrogatoire, et tu tombes comme une mouche.

FEMME 1 - Le coup de foudre, c'est ça.

FEMME 2 - Avec un flic, j'ai tout de même du mal à l'avaler.

FEMME 1 - Faudra t'y faire. J'ai bien l'intention de le revoir quand je serai sortie de là.

FEMME 2 - Parce que, lui aussi est amoureux de toi ?

FEMME 1 - *(vexée)* Bien sûr ! Quelle question !

FEMME 2 - *(soudain méfiante)* Et s'il t'avait menée en bateau, pour te faire avouer des choses sans que tu t'en rendes compte ! Un flic malin.

FEMME 1 - Tu as dit qu'ils étaient tous bornés.

FEMME 2 - L'exception qui confirmerait la règle et ce serait tombé sur toi ?

FEMME 1 - Rassure-toi. Nous n'avons pratiquement pas évoquer le crime. Tout de suite après les renseignements concernant mon identité, on n'a plus parlé. On se dévorait des yeux. On osait à peine respirer... Et puis il m'a souri, et j'ai vu toute la lumière du monde sur son visage. Je me suis sentie transportée, éperdue de bonheur, avec une intensité que je n'avais jamais ressentie jusqu'à ce jour... Crois-moi, on a vite compris qu'on était fait l'un pour l'autre. Il m'a donné son adresse et son téléphone. Il m'a dit qu'il avait hâte de me revoir.

FEMME 2 - La bonne blague ! Ça ne tenait qu'à lui !

FEMME 1 - C'est ce que je lui ai dit. Il m'a répondu qu'il n'y avait pas de problème, qu'il allait recopier l'interrogatoire de son collègue et qu'après nous serions libres.

FEMME 2 - *(toujours méfiante)* Tu es certaine qu'il n'y a pas d'entourloupes dans tout ça ?

FEMME 1 - Un homme vraiment amoureux, ça se reconnaît tout de suite. La tricherie n'est pas possible.

FEMME 2 - Tu oublies que l'on vient de se faire avoir par un homme apparemment "vraiment amoureux".

FEMME 1 - Justement, cela nous a servi d'avertissement, et un homme averti en vaut deux, alors tu imagines, une femme !

FEMME 2 - Ce qui veut dire?

FEMME 1 - Qu'une femme avertie en vaut bien quatre. *(Ironique.)* Et à nous deux, ça en fait donc huit.

FEMME 2 - Plaisante si tu veux, mais attendons la suite.

FEMME 1 - *(avec optimisme)* Qui vivra verra !

> *Elles restent un instant silencieuses.*
> *Bruits de clé, la porte s'ouvre.*

VOIX OFF - Mesdames, si vous voulez bien me suivre. Vous êtes libres.

> *Femme 1 et Femme 2 sautent de joie et s'embrassent avant de se diriger vers la porte de sortie.*

NOIR

SCENE 4

Le couloir du commissariat.
Femme 1 et Femme 2 marchent pour regagner la sortie.

FEMME 1 - Alors tu as vu que tout a marché comme sur des roulettes. Mon aventure sentimentale, ce n'était pas du bidon.

FEMME 2 - J'avais quand même bien préparé le terrain en payant de ma personne. Ton amoureux s'est servi lui aussi de mon alibi. Reconnais que c'était du cousu main.

FEMME 1 - Je le reconnais. C'est sans doute ton métier de journaliste qui t'a appris à bluffer de la sorte ! L'habitude de manipuler l'opinion !... Tu nous as sorti magistralement du pétrin. Il faut dire que tu nous devais bien ça. Après tout, c'est toi qui nous y avais mises.

FEMME 2 - C'est vrai, mais oublions tout ça. Nous sommes libres, définitivement, c'est l'essentiel !

FEMME 1 - D'accord ! Vive la liberté !

À un moment, tout en marchant, Femme 1 et Femme 2 tournent en même temps la tête en direction d'un bureau dont la porte est grande ouverte, puis un bref temps d'arrêt continuent leur chemin comme à regret.

FEMME 1 - *(ton soudain amoureux)* Tu as vu comme il était beau ?

FEMME 2 - Qui ça ?

FEMME 1 - Mon flic sentimental. Il était dans son bureau. Il m'a couvée du regard quand nous sommes passées.

FEMME 2 - Tu fais erreur, le flic dans le bureau, c'était mon flic bestial et c'est moi qu'il dévorait des yeux.

FEMME 1 - Tu plaisantes ?

FEMME 2 - Pas le moins du monde. Avec ce que nous avons fait ensemble, je le reconnaîtrais entre mille !

FEMME 1 - Et moi donc ! Je ne peux pas me tromper, nous avons passé notre temps à nous regarder les yeux dans les yeux.

FEMME 2 - *(réalisant soudain)* Je commence à comprendre… Nous nous sommes faites encore avoir. Ton flic et mon flic ne font qu'un. C'est le même individu. Ah le salaud ! Il nous a bien eu, lui aussi.

FEMME 1 - C'est incroyable. Comment a-t-il pu jouer dans des registres si différents ?

FEMME 2 - Il a su s'adapter aux situations. Il a vite compris où se trouvait le désir de chacune de nous et, à chaque fois, il a joué la bonne carte. Le cœur avec toi, le pique avec moi! Un malin ! Tu avais raison. Il y en a quelques fois, même dans la police.

Un temps.

FEMME 1 - Mais alors, pourquoi nous a-t-il fait relâcher ? Il nous avait sous la main !

FEMME 2 - Il préférait tout simplement être l'amant de deux belles filles en liberté que de deux prisonnières à rencontrer au parloir d'une maison d'arrêt.

FEMME 1 - Décidément, je crois vraiment qu'il nous faudra toujours se contenter de partager le même homme.

FEMME 2 - *(amusée)* Ça, jamais !

NOIR

ACTE III
L' AVENTURE

SCENE 1

La salle de séjour de Femme 1

FEMME 2 - *(arrivant)* Alors qu'as-tu de beau à me raconter ?

FEMME 1 - *(ton joyeux)* Rien.

FEMME 2 - Comment, rien ? Tu ne m'as tout de même pas fait venir pour rien ?

FEMME 1 - Pas pour rien. Pour te voir.

FEMME 2 - *(s'énervant)* Pour me voir, d'accord. Mais tu as bien quelque chose de nouveau à me dire ?

FEMME 1 - Non, rien.

FEMME 2 - Même pas une histoire de mec, comme d'habitude ?

FEMME 1 - Non pas la moindre histoire de ce style.

FEMME 2 - Là, je ne te crois pas. Tu n'aurais pas un air aussi guilleret.

FEMME 1 - Pour ce qu'elles avaient de réjouissantes, nos histoires d'amour.

FEMME 2 - Justement ! Je me disais que cette fois-ci, le vent avait peut-être tourné dans la bonne direction.

FEMME 1 - Eh bien tu vois, tu t'es trompée !

FEMME 2 - Mais ta gaîté a bien une raison. Tu as gagné au loto ? Tu as fait un héritage ? Tu pars faire une croisière ? Un truc de ce genre ?

FEMME 1 - Non, rien ! Ni héritage, ni croisière. Heureuse sans raison apparente de l'être.

FEMME 2 - Ça y est ! J'ai compris. Tu t'es enfin résignée à vivre seule.

FEMME 1 - Si ça t'arrange de penser ça, ne te gênes pas !

FEMME 2 - *(s'énervant)* Ça ne m'arrange pas. J'essaie de comprendre ce qui se passe. Ce qui m'arrangerait, ce serait de savoir pourquoi tu es gaie comme un pinson alors que tu n'as pas d'homme dans ta vie et que, habituellement, tu as horreur de ça.

FEMME 1 - Je peux avoir changé.

FEMME 2 - Changée, toi ? Dans ce domaine ça m'étonnerait. En général quand tu n'as pas de petit ami, tu songes plutôt à te suicider qu'à prendre ça à la rigolade.

FEMME 1 - *(amusée)* Tu préfèrerais que je me tire une balle dans la tête ? Ça te poserait moins de problèmes.

FEMME 2 - *(furieuse)* Bon, ça suffit. J'en ai par dessus la tête de ton numéro de clown. *(Elle se dirige vers la porte.)* Je te quitte.

FEMME 1 - *(la retenant)* Non, reste.

FEMME 2 - *(toujours furieuse)* Pour que tu continues à me faire tourner en bourrique, non merci.

FEMME 1 - *(ton sérieux)* Je vais te dire pourquoi je suis si heureuse.

FEMME 2 - *(revenant)* Enfin, ce n'est pas trop tôt !

FEMME 1 - Bien, voilà. Tu avais raison, j'ai un homme dans ma vie !

FEMME 2 - Pourquoi tu ne me l'as pas dit plus tôt ?

FEMME 1 - *(ton extrêmement grave)* Pour une question de vie ou de mort !

FEMME 2 - *(sursautant)* Quoi ? Qu'est-ce que tu

racontes ?

FEMME 1 - *(même ton)* Je ne peux pas t'en dire plus.

FEMME 2 - De mieux en mieux ! Tout à l'heure tu ne disais rien et maintenant que tu acceptes de parler c'est une histoire de vie ou de mort. Tu es certaine que ça tourne rond dans ta tête ?

FEMME 1 - Tout à fait. Je suis heureuse parce que j'ai un homme dans ma vie mais je ne peux rien dire sans nous mettre en danger, lui et même moi. Et peut-être, toi aussi. On ne sait jamais !

FEMME 2 - *(soudain inquiète)* Tu me fait peur. C'est quoi cette histoire de fous !

FEMME 1 - Ce n'est pas une histoire de fou. Mais moins tu en sauras, mieux ça vaudra pour ta sécurité.

FEMME 2 - *(toujours inquiète)* Il fallait ne rien me dire du tout.

FEMME 1 - C'est toi qui as insisté.

FEMME 2 - Tu avais l'air si gai que je ne pouvais deviner qu'il y avait du danger à t'interroger.

FEMME 1 - À coté du bonheur qui m'est tombé dessus, le danger, pour moi, c'est rien. Pour toi, c'est différent. Risquer sa vie sans bénéfice, c'est idiot. C'est pour ça qu'il vaut mieux en rester là. Ne cherche pas à en savoir plus.

FEMME 2 - Trop tard ! Tu m'en as déjà trop dit pour te taire maintenant. Je préfère savoir d'où peuvent venir les coups plutôt que sursauter pour un oui ou un non. Ne pas connaître l'ennemi est pire que tout. On finit par le voir partout. De quoi devenir parano !

FEMME 1 - Bon, tu l'auras voulu. Mais ne viens pas te plaindre par la suite. Ne viens pas me reprocher de t'avoir embarquée dans cette aventure à risque.

FEMME 2 - En quoi, le fait de connaître ton aventure à risque, comme tu le dis, m'y embarque ?

FEMME 1 - Tout simplement, comme complice.

FEMME 2 - Complice ? Tu ne crois pas que tu y vas un peu fort ?

FEMME 1 - Tu jugeras par toi-même. Alors j'y vais ? Je te dis tout ?

FEMME 2 - *(après un moment d'hésitation)* Bien… Oui… puisque, à tes yeux, je suis déjà ta complice.

FEMME 1 - Pas ma complice, sa complice.

FEMME 2 - Que veux-tu dire ?

FEMME 1 - La complice de l'homme avec qui je vis maintenant. L'histoire à risque, ce n'est pas mon histoire, mais la sienne, parce que mon grand amour… c'est aussi un grand truand.

FEMME 2 - *(ton calme)* Et dans quel domaine, il sévit ton Arsène Lupin ?

FEMME 1 - *(étonnée par le ton de Femme 2)* Ça ne te fait pas plus d'effet que ça ?

FEMME 2 - *(même ton)* Drogue ? Prostitution ? Hold-up ?

FEMME 1 - *(révoltée)* Drogue ou prostitution, je n'aurais jamais pu l'accepter ! Tu me connais assez pour le savoir.

FEMME 2 - Reste le hold-up. Il braque des banques ?

FEMME 1 - Bien sûr, là où est l'argent. *(Avec exaltation.)* Celui des riches, des multinationales, celui du blanchiment de l'argent sale, de la corruption, des compromissions, tout ce fric qui sent mauvais et qui n'ira jamais dans la poche des honnêtes travailleurs. En s'attaquant ainsi au grand capital, en violant les règles iniques d'une société injuste, il fait acte de salubrité publique. Les lois protégent les possédants, lui, il les détrousse. Où est le mal ? Au lieu d'être pourchassé, il devrait être remercié, porté en triomphe, décoré, fêté, adulé, couvert de baisers… et c'est ce que je fais, moi, toute seule, avec tout mon cœur, et tout mon corps !

FEMME 2 - Ce n'est pas Arsène Lupin, c'est Robin des Bois !

FEMME 1 - En quelque sorte, oui : un bandit d'honneur !

FEMME 2 - Sauf que ton héros oublie de redistribuer une part du butin aux pauvres. *(Ironique.)* Ah l'amour ! L'amour, quand tu nous tiens, tu nous tiens bien !

FEMME 1 - Moque-toi si tu veux, ça m'est bien égal. Je l'aime, quoique tu en penses, et quoiqu'en pense la terre entière.

FEMME 2 - *(fredonnant "l'hymne à l'amour" de Piaf, avant de se reprendre)* Je ne me moque pas. Je te comprends tout à fait. Je te reçois cinq sur cinq, à cent pour cent, deux cents pour cent, même mille pour cent, si tu veux... *(Un bref silence.)* Parce que moi aussi, vois-tu, j'aime un homme qui ne suit pas, lui non plus, le droit chemin.

FEMME 1 - *(heureuse)* Alors toi aussi, tu as maintenant un homme dans ta vie ?

FEMME 2 - Oui, et comme toi, un truand. Mais lui, c'est drogue et prostitution.

FEMME 1 - *(horrifiée)* Non ! Ce n'est pas vrai ! Tu dis ça pour me faire marcher.

FEMME 2 - L'exacte vérité. Mais au fond tu sais bien que l'amour prime tout.

FEMME 1 - *(toujours révoltée)* Un individu qui empoisonne des milliers de jeunes et qui envoie des centaines de femmes sur le trottoir, comment peux-tu te blottir dans ses bras, lui caresser les cheveux, l'embrasser, faire l'amour avec lui ?

FEMME 2 - Avec moi, c'est un autre homme, il m'a interdit de toucher à la moindre drogue, même les petits joints qu'on avait l'habitude de se faire toi et moi, il ne veut plus. Quant à m'obliger à me prostituer, il n'y a pas le moindre risque. Il est jaloux comme un tigre. Il est prêt à tuer le premier homme qui me regarde avec trop d'insistance.

FEMME 1 - Au début, ils s'y prennent toujours comme ça, ils te font croire que tu es l'élue de leur cœur et quand tu es bien accroc à eux, ils t'envoient sur le trottoir, et toi, bonne pomme, tu y vas par amour pour eux. C'est toujours la même rengaine.

FEMME 2 - Mais dis-moi, tu es bien mal placée pour me donner des leçons de morale. Garde ça pour tes élèves. Ils doivent être assez naïfs pour te prendre pour une oie blanche. Après tout, toi aussi tu es la compagne d'un gangster.

FEMME 1 - Oui, mais lui, il n'est ni dealer ni proxénète.

FEMME 2 - C'est ce qu'il te fait croire.

FEMME 1 - Qu'est-ce que tu entends par là ?

FEMME 2 - Tu n'es pas avec lui quand il fait ses combines. Il peut très bien t'avoir menti. Et comme le mien s'occuper de drogues et de prostituées.

FEMME 1 - Ce n'est pas possible ! On ne peut pas se tromper à ce point sur le compte d'un homme avec qui on partage son lit !

FEMME 2 - Ça arrive plus souvent qu'on ne le croit. Nous sommes bien placées pour le savoir. Décidément, tu seras toujours aussi crédule !

FEMME 1 - *(soudain troublée)* Alors, d'après toi, mon truand serait aussi pourri que le tien ?

FEMME 2 - Enfin, tu commences à faire marcher ta cervelle.

FEMME 1 - *(de plus en plus troublée)* Oui,... oui, mais pas dans le sens où tu le crois.

FEMME 2 - Il n'y a pourtant qu'une direction : celle de la lucidité, là où l'on cesse de se raconter des histoires. Des histoires de gentils truands et de méchants truands. Des truands ça reste des truands.

FEMME 1 - Tu as raison, mais tout à coup je vois les choses differemment... Pourquoi mon gentil truand ne serait-il pas ton méchant truand ? Le même bonhomme qui nous aurait menti à toutes les deux, à moi comme à toi. Il a pu raconter à l'une qu'il fait des hold-up et à l'autre qu'il vit de la drogue et de la prostitution.

FEMME 2 - Tu me fais peur ! Que veux-tu dire ?

FEMME 1 - Que peut-être, une fois de plus, nous sommes tombés sur le même homme.

FEMME 2 - Tu délires. Tout ça parce que tu ne veux pas admettre que ton truand est sans doute aussi peu fréquentable que le mien. Mais il y a un moyen d'en avoir le cœur net... C'est de les faire se rencontrer.

FEMME 1 - Pour qu'ils s'entretuent, s'il ne s'agit pas du même bonhomme, où qu'il nous flingue si c'est le même individu.

FEMME 2 - Non. Un moyen bien plus simple et sans risque. Je vais te décrire mon truand et toi tu vas me décrire le tien.

FEMME 1 - Ce n'est pas prudent. Si les flics nous interrogent, il vaut mieux en savoir le moins possible sur le bandit de l'autre. Nous risquons, si nous craquons, de leur fournir des éléments supplémentaires pour leurs portraits robots.

FEMME 2 - Le plus important pour nous, aujourd'hui, ce n'est pas d'éviter de jouer les indics mais de savoir si nous ne sommes pas tombées une fois encore sur le même homme... *(Décidée.)* Je veux bien commencer.

FEMME 1 - *(peu rassurée)* Bon, vas-y.

FEMME 2 - *(rapidement)* Très grand, près d'un mètre quatre-vingt-dix, blond, yeux bleus. Le tien maintenant ?

FEMME 1 - *(soulagée)* Petit, un mètre soixante-dix environ, très brun, yeux noisette.

FEMME 2 - *(soulagée à son tour)* Ouf ! J'ai eu peur moi aussi. Qu'il soit un gentil ou un méchant truand, je m'en moque, l'essentiel c'est que ce ne soit pas le même.

FEMME 1 - Tu as raison. Ce qui compte vraiment pour nous, c'est que pour une fois nous ayons chacune un homme bien à nous.

Elles s'embrassent avec passion.

NOIR

SCENE 2

Un autre jour, à la terrasse d'un café.
Femme 1 et Femme 2 sont assises à une table avec un
journal grand ouvert devant elles.
Elles semblent désespérées.

FEMME 1 - Quelle horreur ! C'est monstrueux ! Une histoire pareille !

FEMME 2 - Qu'avons-nous donc fait au Bon Dieu pour qu'il s'acharne sur nous de la sorte. Nous ne méritons tout de même pas ça.

FEMME 1 - Ce n'est pas une question de mérite mais de malchance. Nous sommes nées sous une mauvaise étoile.

FEMME 2 - C'est le moins qu'on puisse dire.

FEMME 1 - Et moi qui pensais que nous étions au bout de nos peines.

FEMME 2 - Moi aussi, pour une fois j'y croyais. Quelle misère !

FEMME 1 - *(ton de révolte)* Maintenant, pour moi, les hommes c'est fini. On ne m'y reprendra plus. Ils peuvent bien me raconter ce qu'ils veulent, je ne les croirai plus.

Je les trouverai ridicules, bêtes, méchants. Ils auront beau faire les jolis cœurs, rentrer le ventre, se montrer performants au lit, ça ne marchera plus. Tout ça, ils le feront en pure perte. Je les dégonflerai comme des baudruches. Ce qu'ils sont d'ailleurs, de véritables baudruches, de l'air, que de l'air, de l'air pollué, irrespirable et qu'ils ont l'audace de nous mettre sous le nez. J'ai envie d'ouvrir la fenêtre de crier, de respirer... De respirer autre chose que leur haleine fétide. Qu'ils aillent au diable !

FEMME 2 - Tu as raison. Pour moi aussi, les hommes, fini à tout jamais ! Et pourtant, j'ai beau lire et relire l'article, je n'arrive pas y croire. *(Elle relit à haute voix.)* "Arrestation de deux gangsters bien connus des services de police et surnommés dans le milieu Le grand blond et Le petit brun. De sinistres individus qui œuvraient ensemble dans des domaines aussi variés que la drogue, la prostitution et le hold-up à main armée. Ils risquent, à tous les coups, la prison à vie."

FEMME 1 - De vrais salauds ! Pour une fois que nous avions chacune le nôtre, ils nous filent entre les mains.

FEMME 2 - *(soupirant)* Oui, pour une fois que nous avions enfin chacune nôtre homme... Vraiment, quelle misère !

NOIR

EPILOGUE

Un cimetière.
Une tombe sans fleurs.
Femme 1, vieillie, vêtue de noir, comme une veuve, s'en
approche, un bouquet à la main.
Elle nettoie un peu la tombe puis pose le bouquet dessus
avant de se recueillir.
Apparition, un court moment après, de Femme 2, elle
aussi en noir avec un bouquet de fleurs à la même et
également très vieillie.

FEMME 2 - Qu'est-ce que tu fais là ?

FEMME 1 - Tu le vois, je me recueille devant une tombe.

FEMME 2 - Et pourquoi, devant cette tombe ?

FEMME 1 - Parce que c'est celle d'un homme.

FEMME 2 - Ce n'est sans doute pas la seule tombe

d'un homme dans ce cimetière. Elles doivent même être nombreuses, les hommes mourant plus tôt que les femmes !

FEMME 1 - Tu as raison. Mais c'est la seule tombe d'un homme qui ne soit pas fleurie. Ça fait des semaines que je l'observe. Jamais une fleur, jamais personne ne s'y arrête. Alors j'ai pensé que je pourrai m'en occuper. Nettoyer la tombe, apporter des fleurs... Regarde, c'est tout de même mieux comme ça.

FEMME 2 - Et la raison de tant de mansuétude à l'égard d'un inconnu ?

FEMME 1 - Parce que maintenant, ce n'est plus un inconnu.

FEMME 2 - Tu as pris des renseignements sur lui ?

FEMME 1 - Non. Il n'y a que son prénom qui soit encore lisible sur la dalle. *(Désignant la pierre tombale.)* Le nom de famille est effacé. Sans doute la mauvaise qualité de la pierre. Elle n'a pas pu résister aux intempéries. Il n'est certainement pas mort d'hier!

FEMME 2 - Pourquoi dis-tu alors que ce n'est pas un inconnu pour toi ?

FEMME 1 - Parce que maintenant, il est de ma famille.

FEMME 2 - *(incrédule)* De ta famille, alors que tu ignores son nom !

FEMME 1 - Oui... et malgré cela il s'agit d'un proche, et même de quelqu'un de très proche et qui m'est très cher !

FEMME 2 - Tu divagues ?

FEMME 1 - Pas du tout. Très proche et très cher parce qu'il s'agit du défunt dont je suis la veuve.

FEMME 2 - Veuve, toi ? Mais tu n'as jamais été mariée.

FEMME 1 - On peut être veuve sans avoir été mariée.

FEMME 2 - Oui, à la rigueur, lorsqu'on a vécu avec quelqu'un, mais tu as toujours été seule, comme moi d'ailleurs.

FEMME 1 - Justement, j'en ai eu assez de cette solitude, alors avec un défunt qui n'intéresse personne, j'aurais au moins quelqu'un à qui penser. Autrement dit, je l'ai adopté, comme on adopte un enfant. Mais ici, à l'autre bout de la vie. Une adoption tranquille, reposante, sans les aléas de l'existence, les échecs scolaires, les maladies, les risques de chômage… Tout ça, effacé définitivement… Un homme bien à moi sans les problèmes de la vie de couple. Tu te rends comptes de l'aubaine ! *(Puis soudain.)* Mais toi, qu'est-ce que tu viens faire ici, en noir, avec des fleurs ? Tu as fini par trouver un mari et en veuve consciencieuse, tu viens sur sa tombe ?

FEMME 2 - Non. Comme toi, je venais me choisir

un défunt. J'avais, moi aussi, repéré cette tombe abandonnée... mais tu as été la plus rapide.

FEMME 1 - Ça ne fait rien, celui-là, acceptons de le partager, et cette fois, ce sera pour l'éternité ! Tiens, pose tes fleurs à côté des miennes !

NOIR FINAL

Du même auteur :

THEATRE

La fête prisonnière, *France-Culture.*
Intime conviction, *éd. Galilée, Avant-Scène, France-Culture, Radio-Suisse-Romande.*
Les remplaçants, *éd. Galilée.*
Le bonheur pour tous, *éd. Galilée, France-Culture, Radio-Suisse-Romande.*
La salle d'attente, *éd. Galilée, Avant-Scène, Radio-Portugal.*
La vie rêvée de W.B., (avec F. Pacchioni) *Avant-Scène, France-Culture.*
L'enfant, *Avant-Scène.*
Une étrange école, *éd. Galilée.*
Derrière la porte, *éd. Art & Comédie.*
Identification d'un homme, *éd. Art & Comédie.*
Une improbable rencontre (Goldoni/Voltaire) , *éd. Art & Comédie.*
La folie des autres, *éd. Art & Comédie.*
La femme conjuguée, *éd. Art & Comédie.*

*Remerciements à Edith Thénot et Michel Maignan de la **Compagnie professionnelle AZ'ART**, pour avoir inscrit à leur répertoire deux de mes pièces (*Derrière la porte *et* Une improbable rencontre*) et les avoir représentées dans de nombreuses villes de province, notamment sur la scène du théâtre Caramy qu'ils animent à Brignoles dans le Var. Une aventure saluée par une presse unanime et qui se poursuit encore en 2003 !*

AVIS IMPORTANT

Cette pièce de théâtre fait partie du répertoire de la Société des Auteurs et Compositeurs Dramatiques, 11 bis rue Ballu 75442 PARIS Cedex 09. Tél. : 01 40 23 44 44. Elle ne peut donc être jouée sans l'autorisation de cette société.

Nous conseillons d'en faire la demande avant de commencer les répétitions.

Imprimé à la demande par Books On Demand GmbH, Bad Hersfeld, Allemagne

Première édition, dépôt légal : avril 2003
N° d'édition : 022803
ISBN : 2-84422-326-5